JN411598

내게 사랑을 묻다

김영곤 시집

내게 사랑을 묻다

인쇄 | 2012년 5월 15일
발행 | 2012년 5월 21일

글쓴이 | 김영곤
펴낸이 | 김서종
펴낸곳 | 도서출판 *Book Manager*
전주시 완산구 중화산동 2가 736-5
☎ (063) 226-4321
FAX (063) 226-4330
E-mail : gongiksa@hanmail.net

ISBN 978-89-6036-120-1-03810

값 8,000원

※ 이 책자는 전라북도문예진흥기금의 지원을 받아 발간하였습니다.

김영곤 시집

내게 사랑을 묻다

도서출판 Book Manager

목 차

제 1 부 - 바람이 되고 싶은 강

제 2 부 - 기다림의 미학

제 3 부 - 내게 사랑을 묻다

제 4 부 - 불새

제 5 부 - 낙엽에 쓴 편지

제 6 부 - 아직 끝나지 않은 사랑

시인의 말

시는 마음속에 내재된 맑은 영혼의 표상으로 서로 소통 하는 숨소리이다.

현실의 아웃사이더에서 바람과 추위와 어둠속에서 인생의 페달을 밟으며 살아오기까지 시를 버리지 못한 까닭은 긴 잠속의 꿈결처럼 영혼에서 눈을 오꿈 하게 뜨고 다시 피어오르는 한 행의 언어들 때문이다.

이제 한 꺼풀을 벗는 애벌레처럼 꿈틀거리는 언어들로 진실만을 잉태시키며 푸른 하늘을 날고 있는 나비처럼 탈피하고 싶다.

고달픈 삶에서 땀을 흘리면서도 내게 가장 필요로 하는 심혈의 시가 있었기에 가물가물한 언어들이 발산될 때마다 사회의 비틀림 현상 속에서도 뿌듯한 희망은 남아 있었다.

나의 심상 속에 그 무엇인가 있었기에 감동의 진폭을 넓혀 생명을 불어넣어 독자와 함께 공유하도록 노력해야겠다.

시는 내게 있어 변하지 않은 고백의 강물이다. 때론 천천히 흐르다가 빠른 유속으로 물속의 바위에 부딪히기도 하면서 흘러가는 사랑 같은 것이다.

이제 나의 청춘은 세상과 자꾸 멀어져간다. 젊었을 때나 늙었을 때나 생명의 무게는 같지 않은가.

화려한 꽃의 절정은 봄이 아닌가.

이십 년의 세월이 흘러가고 말았다 이제 다소나마 위안을 삼을 수 있어 다행이다.

첫 시집 《내게 사랑을 묻다》를 상재하기까지 협조해주신 모든 분들께 깊이 감사를 드린다.

2012년 오월 건지뜰에서

김 영 곤

제 1 부

바람이 되고 싶은 강

함박눈 내리는 날

수억만의 하얀 물나비가
소복소복 육각형의 무늬로 대지 위에 날개를 접는다.

어느 먹구름 속으로
안데스산맥의 깃털이 날아올라
오대양의 젖은 바다의 심장이거나
동해의 햇발이거나
지리산 중턱에서 머물던 운무의 무릎이거나
겨울 별빛 옹알이가 새벽을 은밀히 가둬 놓아
때로는 어느 바람을 안고
구름 속으로 들어가
허기진 육신을 채우고 나면
세상으로 춤사위를 내보이는 것이리라

저 높은 허공의 찬란한 꽃으로
차디찬 응축의 맹세를 다짐하면서
그대에게로 찍혀가는 사랑의 발자국을
나는

설원의 잔디에 서서
하얀 물나비가 날아드는 하늘을 올려다본다.

혼자만의 약속

꽃이고 싶다
젊음을 불살라 버린 지금
석양이 오기 전에
분위기 있는 어느 봄날처럼
사랑을 하고 싶다

아,
혼자만의 외로움이여!
떨어진 꽃잎으로 머물지언정
더 낮은 곳에서
연분홍꽃으로 다시 태어난다면
작은 아픔일지라도
행복으로 지워버리고 싶다

누군가를 사랑한다는 것은
보다 나은 내일처럼
만남을 위하여
혼자만의 약속이고 싶다.

해바라기 일생

햇살이 내릴 때마다
평화를 꿈꾸던 추억에 앓아누워도
결국에는
나를 위해서가 아니란 걸 깨달았습니다

때론 작게 내 몸을 움츠리고 고개숙여
앞날의 세상을 향해
고혹의 내부를 드러내 웃음을 지어 봅니다

꽃잎 속에 작은 둥지를 틀어
굳어만 가는 시련의 날을 견디면서
저 태양의 단맛에 취하면서
응어리 없는 노란 잎을 틔워가지만
석양에 지는 시간을
한 알씩 툭툭 떨어뜨리며
목메임으로 돌고 도는 나날들이
나의 생애입니다.

풍경 하나를 품고

낡은 낙엽들이 굴러다니는 가을이다
이제 어디로 가야하는가?
거친 바람이 찾아오는 아침이면 소금먹은 듯 축 처진 그림자들만 남을 뿐이다.

풍경 하나를 품고 어디론가 떠나고 싶다
나는 잠들 곳 없는 서걱서걱한 땅에서 비참하게 살아갈 수는 없다.
내 행복의 기쁨을 짜릿하게 한번이라도 포옹하며 즐거운 적이 있는가
스스로를 알고 있으면서도 무서운 터널 속으로 밀어넣고
비수의 날을 갈아대는 사람들
옛 부엌의 시렁 위에 얹어놓은 시커먼 밥상처럼 위협당하면서 살아가야 하는가

보름달이 눈부시게 비춰오는 저녁이다
냇물에 꼬물거리는 마음을 건져내 영혼의 옥토에다 간절히 심어 두고싶다.

저 보름달처럼 함박꽃을 천 만송이로 피워내
이 세상에 꽂아두고 싶다.

침묵의 봄

오늘은 그만두자
내일이 올 때까지 먼 길 만을 걷자

사람들은 총탄 앞에서 말 없이 흩어지고
푸른 침묵이 흐르는 대동강에서
해맑은 강물로
배를 채워 봄을 기다리자

꿈틀거리는 자유여
숨죽여 머문 바람에도 홑씨로 남아
타는 불꽃으로 피어나리

침묵은 봄을 향한 시냇물소리
너도나도 앙금 지던 가슴들은
언젠간 일어설 그 날이 올 때까지
끝끝내 봄을 기다리자

붉은 피가 새아침이면 걷히는 날에
푸른 파도소리 일렁이는 날에
자유가 자라나는 앞 광야를 보며
달려 나가리라.

바람이 되고 싶은 강

강물에서는
고기들이 산 눈물 유유히 흐르는
묵은 노래를 부르며
때론 깊은 곳에서
떨리는 산란을 하고
몇 겁의 우주를 돌아오는
햇살과 물은
몸짓 그리고 생명을 주었다
강은,
부드러운 침묵의 산 눈물을
가슴에 묻어둔 채
강 언저리 사이로 마주치는
산골짜기 바람이 되고 싶어
달콤한 황혼을 애타게 기다리고 있다

죽음의 등 뒤에서

불붙는 기름 위로 던지지는 말라
솔 향내가 풍겨오는
해묵은 나무더미에서 의미 있는
불꽃으로 산화하리라

하늘의 저편 흰 구름 속으로
비틀거리는 기억과
선약先約된 꿈은 허공이 되어 가리라
이제는
이름마저 타버린 영혼에서
검은 연기에 풋사랑만 맴도는데
지난 생애의 시간들이
억년의 눈짓과 만나는 것을

지리산 암자를 찾아서

철관음차 향기에 내 마음은 녹아내리더라
주지스님의 화두에는 큰 바위가
세상의 벽을 무너뜨리더라
만리장성을 떠다 놓은 듯 담벼락엔 축성의 노고가 구비구비 장관이더라
청솔모는 부리나케 도토리 한입 물어 높은 나무 위로 달아나고
삼라만상 못된 넋들 불살라버릴 듯 굴뚝 층층마다
백팔번뇌가 붉은 흙이 되어 천년을 기다리고 있더라
대웅보전 처마에 매달린 풍경이 설법에 미쳐 두리번거리고
산자락에서 오르던 운무는 노고단을 돌아 내 눈 속으로 들어와 유희를 즐기더라
산골짜기 나뭇잎들 동자승의 장삼 되어 하늘로 날아오를 듯 팔랑대며
아름드리나무에 북을 치더라,
둥, 둥, 둥 -

하늘이 먼저 메아리로 울어대고 지리산이 벌떡 일어나서 좌선을 하더라

어느 사람, 고요하게 오뚝 솟은 바위 앞에서

깨달음을 위해 아직도 불공을 드리려나

연리지사랑

푸른 바람으로 이어놓은
가슴과 가슴사이에
옹이로 묶어둔 사랑의 다리가 있어

하늘에 고개를 들고
빗발치는 폭풍에도 견디어가는
숲속의 연리지사랑

겨울이 지나가기전에
새가 울고 꽃이 필 때까지
눈물의 발자취로 살아가지만

수척해진 가지 끝에
새싹들을 들여다보면
천년을 서로 바라만 보고 있어도
영원히 싫지 않을
비탈에 선 연리지사랑

덕진공원

덕진공원 호수에는
오월의 창포 꽃이 지천으로 핀다
벌과 나비들이 연꽃잎에
햇빛처럼 앉아
사랑의 시간을 줍는다

덕진공원 호수에는
황금빛 창포 꽃이
끝없이 베푸는 젊음의 사랑꽃이다

공중높이 들리는 음악속에서
취한분수는
오색불빛으로 월계관을
빈 무게로 올려 놓고
나는 연잎에 구르는
침묵의 이슬을 마신다.

격포항

채석강 검은 돌 벽에는 수 만권의 서책들이 켜켜이
바다의 상념들을 물빛으로 적어가고 있다
백사장 끝에서는 잠버릇 적시는 소리
그 바다에 파도는 함성을 지르며
푸른 기억들을 삼키면서
끊임없이 가슴을 열어 놓는다

바다는 하늘을 흔들어 깨우고
생명들이 깊은 바다로 유영을 즐기며
해궁의 안부를 묻는 격포항 앞 바다에서
여름 햇빛에 바다의 이마는 불타고 파란근육들이
불끈불끈 출렁거리는데
번개처럼 바위에 따귀를 때려 파도의 앞니가
듬성듬성 부러지고 끝도 없이 혀를 내민다

바람이 거친 손바닥을 바다에 내려놓지
않았으면 좋으련만,
갯마을의 저녁노을에는 구름치마가 숨 자락을

가느다랗게 내보이고
달이 밤을 새우며 바닷물에
싱싱한 탯줄을 담그고 돌아내리고 있다.

국화 옆에

그날 그 날이었지요
말없는 세상을 놓아버린 거시기 시간에서
괜찮다, 괜찮다
미소만을 남기시고
영원의 비밀이 되어버린 채 보이지 않은 언어들은
매서운 새가되어 날아갔지만
어둠이, 어둠이
국화 옆에서 쌓아놓은 웅편雄篇 들을 싣고
불붙는 저고리를 벗어 던지듯이
새 꿈을 풀어놓고 가셨는지요

머 언 먼 동천에 새로운 해로 떠오르면
학이 울고 간 그 날에도
긴 세월에 재가 되어버린 신부新婦의 그 날에도
떠돌이, 떠돌이처럼
세상을 순나처럼 돌아보나요

가만히 세상 밖으로 가신 뒤에는
꿈길 속에 스며드는 봄별이
고요한 시어의 향내를 온 세상에 남겨두고
인제는 치런히 반짝이는 별의 징검다리를
저만치 건너서
두고 가신 국화 옆으로 오시는지요

-서정주님을 떠올리며-

그대에게

그대여
나의 눈물을 아시는지요
그대처럼
작은 슬픔에도 입맞춤하고
내린 이슬에도 의미를 묻지 않은
찬란한 날개가 되렵니다

그 날개에
나의 손끝이 닿는 순간에서
죽음의 바닥마저도
사랑으로 눈금을 알 수 있으며
그대에게 향한 영원일 것입니다

사랑에 대하여
아직 부끄러운 일몰의 어둠이기에
깨어있는 그대 마음으로
사랑을 베풀어 갈 수 있도록
기도를 드립니다

쓰나미

바다의 생애를
잠시 뒤흔들어 놓은 채
깊고 깊은 내부의 광란이다
거대한 해일의 장막이 뒤덮어 오는 동안
투영된 달빛이
어둡고 야윈 몰골로 허공에 누워
요란스런 메아리를 듣지 못 하였던가

피와 살, 비린내가 흩어진 채
희미한 흰 꽃으로 온통 죽어가고
창백하게 질식하는
푸르고 어린 잎사귀의 초상들이
처절하게 쓰러져있다.
찬란한 햇빛마저도 풀잎 위에서
거추장스러운 흙더미에 목 놓아 울고
땅의 기운이여,
바다의 기운이여,

제 2 부

기다림의 미학

달과 샘 사이

살포시 샘가에 앉는 달

어릴 적
꾀를 벗어 놓고
멱을 감고 놀던 유년친구

둘이서
샘물 마시고
달 베어 물고
오솔길을 걸었네

차마 못다 한
내 이야기
어디에 서성일까

기다림의 미학

오랜 기다림의 아픈 상처는
짓무르지 않아서 좋다

기다림의 사랑은 지루하지만
더욱 많은 시간의
푸른 싹이 오를수록 의미가 깊어 좋다

기다림의 봄꽃은 조용히 피어
진한 향내로 스며드는 꽃이어야 한다

기다림은 사랑할 때를 알고
나의 필연이기에
홀로,
끝끝내 기다려야 하는 것이다.

그 겨울의 끝

설국은 하얗게 화장을 하고
텅 빈 나무의 눈꽃들이
햇살잔치를 벌인다

베란다에 겨울바람이
방충망을 긁어대며 잉잉거린다

겨울끝자락으로 가는 풍경들은
미소 지으며 봉긋하겠지

이제 겨울은 삼 할이 되고
봄 또한 칠 할이 되겠지

봄날의 냄새가
공감각의 새문을 열어
겨울 넋두리를
손끝에서
연둣빛 빗장을 당기며
깊이를 재어볼까

그리고, 이별이란

이별은
기약 없는 사랑일까
폐허의 너른 헛간을 두리번거리는
안개꽃이다
가슴 아픈 기다림에
사랑은 이미 지쳐버리고
나에겐 보잘 것 없는
저 언덕 너머의
식어 가는 불꽃

나무의 회상

나처럼 살지 말아야하네
바다가 출렁이는 조개들의 무늬를 끌어안고
때로는 드러누운 채
때로는 서있는 채
내 찢긴 몸통이 워낙 서러워서
숲속으로 달려가고 싶었지만
인간들이 농간치는 바람에
서로 맞지 않은 몸들을 바코드처럼 끼워
어찌할 수 없다네

기계 톱날에 잘려 나간 가지들을 생각하면
쇠망치에 머리를 얻어맞고도 참았지만
가슴에 대못을 쳐 박아 징허게 아파오지만
굳어진 내 숨통에 숲의 바람은 자주 찾아오고 있다네

초록의 친구들이 보고 싶어라
사색을 즐기던 단풍잎과 밀어를 나누던 그곳
진달래꽃 피던 숲에서 지낼 때가

엊그제인데
인간들의 숲속으로 떠나와 괴로움으로
황혼을 맞이하겠지만,
어쩔 건가 이대로 지낼 수밖에 없지 않은가

겨울날의 병상

-암과 투병하는 사나이

한 달 가량이나 날씨가 차갑게 절뚝거리듯 기온이 오르지 않는다
병상에 누워 거친 기침소리에 산소기를 매어달고
때때로 영혼마저 피오줌으로 흘러내린 까닭에 유성의 머리가
허공에서 타는 것처럼 혼돈의 화려한 몸부림이다
돌아갈 곳 잃은 새가 날아 들어와 어두운 영혼으로 불면의 부리를 흔들어 대는 것일까,

웃니, 아랫니는 기약 없이 사라져 뭉근 세상으로 멀어져 가고
눈 덮인 창문밖에는 쓸쓸함과 원망스런 가로등이
이 시린 밤에 늙고 병든 사나이를 들여다본다
검은 빛깔에 수평선 같은 눈망울로 벽모서리에 마른 몸을 기댄 채,
두 무릎을 자꾸만 병실 바닥으로 떨어뜨리고
마른 종아리 숨구멍들이 거꾸로 뒤집힌 듯 헐떡거리며
심장에서 식어간 핏덩이를 객토하고 있었다

아내라는 여인이 하염없는 눈물을 훔치면서
사랑으로 가슴을 삭힌 채,
병실밖에 눈 내리는 하늘을 바라보고 있었다.
눈발에 기적하나가 하늘 하늘거리며 내리고 있을지 몰라.

감자꽃

산머루를 먹은 듯이
간장종지에 세월을 찍어 먹으며
처마에 매어 놓은 강냉이처럼
할머니는 정지 간을 바라보며 고개를 흔든다

평생 동안 모은 지폐를 나무더미에 숨겨놓고
세월을 어찌하지 못하고 할머니는
천상의 새가 되어 떠나셨다

벽오동 나뭇가지에서
이름 모를 새 한마리가 울고 있다
봄햇살도 천지간에 땅을 치고
지나가는 설레바람은
감자꽃을 껴안고 허둥대며 지나간다

지금은 살지 않는 감자꽃 밭에
영혼이 노랗게 주저리 열리고, 열리고
댓돌에 주인 없는 코신 한 켤레와

헐은 문풍지소리를 닮은
아지랑이는 감자꽃 향기를 타고
하늘하늘 오르고 있었다.

맞습니다, 맞고요

집집마다 들창문을 열어 놓으십시오.

의혹이란 것들 살비늘이라도 낱낱이 벗겨 패가망신하는 스냅사진을 찍어놓고 영원히 자손대대 공개 할 것입니다

'맞습니다, 맞고요.'

산위로 보름달이 살며시 앉아있으면 망설이지 마십시오

괜히, 눈치 살피시질 절대 마시고 손뼉을 치며 저녁밥을 자셔도 좋습니다

푸르고 젊은 바닷새들이 도시를 배회하며 다니다가 태양을 향해 노크하면 그냥 놔두십시오

자유의 탑을 세우는 겁니다

'맞습니다, 맞고요.'

빈 세월이 자꾸 흘러가지만 그것을 탓할 순 없습니다

변두리에 피어나는 들꽃이라 해도 빛깔마저 어둡지는 않습니다

노을이 새가되어,

하늘 높이 날아오르다가 숲속의 둥지로 앉을 때 참

사랑의 깃털을 뽑아 가정에 걸어놓으면 행복한 가족이 될 것입니다

'맞습니다, 맞고요.'

국민이 나라 주인이고요, 아무 걱정 하지 마십시오

좋습니다 이제는 촛불을 모두 켜고 촛불이 웃을 때까지 켜 두어야 합니다 촛불의 미소는 젊은 입술이니까요.

모나리자 앞에서

그대 앞에 홀로 서 있습니다
어둠 깔린 이 저녁
눈물겹게 신경증을 앓은
천년이 살아 움직입니다

바라보는 순간마다
내면의 영혼 신비감으로 쌓이고
붉고 푸른
얇은 입술사이로
불가사의한 완성이었습니다

미소 속에
향기로운 빛깔과
마른 맥박의 세포들이
포근함으로 겹겹이 움직일 때
눈부신 작은 얼굴에는
연홍빛이 살아서
천년동안 그 목소리 들리는 듯

영원한 미소 그 모습입니다
모나리자여.

갈대의 노래

가을이 혼자서 외롭게 온다는 것을
갈대는 알고 있네
절반의 자맥질로 강물에 가슴을 드러내고
앞산을 빙긋 바라보다가
바람 한 점을 사랑하는 것을

한줄기 야윈 몸으로 노을을 불러
전신에 불 질러 놓고
머물 곳을 찾아 두리번거리며
회색의 눈물꽃 바람에 날리면서

강가의 갈대는
손을 하늘 높이 휘 휘 저어가며
가을이 오는 것을 알고 있네

삶의 굴레에서

마른 잎에 맺혀 가는 내 삶의 일부
한 방울의 눈물이다
들꽃처럼 돌아올 날에 대하여
멀고먼 뒤안길에 대하여
영혼의 갈피에 끼워둔 미련만 남아있었구나

지나온 육십의 나이가
산과 물이 시간의 바퀴로 흘러간 세월에도
오늘만큼은 더듬거리는 지팡이도 없이
한장 한장의 삶을 뒤적거렸구나

이제 비어있는 몸
푸르른 날을 기다리는 헐벗은 휴식으로
바람의 외로움과 토악질을 삭힐 때
따스한 날이 그리워지고

오렌지빛 노을이
스스로 지는 법을 알고 있듯이
그렇게 살고 있네

봄 자리

꽃들아
나무들아
햇살이 시간의 텃밭들을
나붓이 가꾸어 줄 때
푸르른 눈을 봉긋 떠 보아라

넉넉하게 일렁이는 연둣빛세상
봄의 여신으로
물빛을 가로질러 살며시
고운 꿈을 꾸는구나

천년을 아무 말 없이
하늘을 응시하는 고인돌에서
웅얼거림이 들리는 듯
봄이 꿈틀거린다

물좋은 세상은 가고

눈이 맑은 광어일까
옆 눈질 즐기는 도다리일까
강줄기 상류에 황어 같은
세상이 있었다

겨울심지 같은 사람들에게
엉큼하게 살금살금 비밀간직하거나
서슬 퍼런 가시로 덤벼들거나
죽은 척 실눈을 뜨고
부푼 솜사탕을 먹는 나라

새벽잠에서 아쉬움으로 일어나듯
멸종위기의 옛 세월이
종류도 모르는 기억에도 없는
등 뒤의 오염된 사람들에게
물좋은 세상이
자꾸만 사라져가고 있다.

노숙의 노래

새벽바람이 가슴속으로 차갑게 지나간다
자꾸만 흩어지는 내 생애의 살점들이 신문지를 움켜쥐며 벌레 먹은 우듬지 마냥 자꾸 마르기만 한다
눈을 뜨고 싶지 않다 젖은 바닥에서 배고픔을 참아내며 지금은 일어나기 싫은 것이다 언젠가는 마음을 굳히고 일어나
봄꽃처럼 살아야한다 보상 없는 육신을 사막의 가운데로 내 팽겨진 채 살아온 날의 과거는 시간마다 투약되는 진통제였다

가자, 봄꽃 피는 저 들판으로 어서가자
감각 없는 몸에서 혈액이 심장을 벗어나듯 서둘러댄다
고통의 촛불은 꺼져가고 있을까
시간은 무심히 지나가고
봄눈이 잉태하는 사월이면 굳어버린 무의식의 기억과 파란만장한 자맥질은 이제 그만하기로 하자.

무조건 당장이라도 공간의 틈바구니를 벗어날 수 있다면 나를 찾아가는 연둣빛 발견이 될 것이다

맺힌 눈망울에 가족들이 아른거린다 내가 누워있는 이 자리가 새로운 미래의 도래지가 될 수 있다면 내일의 바람이 되어 저 넓은 삶의 들판으로 떠나야 한다

지금은 깡마른 노숙의 몸이지만,

지루한 빗속에서 구름 걷히고 태양이 떠 오르면 내 영혼은 찬란하게 빛날 것이다.

가자, 봄꽃 피는 들판으로 어서가자

마음으로 전하는 말

진흙탕의 구멍에서 바라보는 세상은
화려하기만 하다
가고 오는 현실의 길목에서
걸음걸이는 휑한 바람

뼈마디의 아픔이
세월의 구렁텅이를 긁어대는
옹이진 불빛에서
꽃이 피기를 기다리다
찢어진 가슴을 기워 덮는다

뒤돌아서면
눈물 한 움큼을 내내 훔쳐가는
조각난 하늘 아래의
삶은 결국 이것이었나
무릎 꿇은 채 나의 생애를
아내에게 주고 싶다.

행복한 눈물

꽃처럼 화려한 너의
흘리는 눈물에
행복이 있었을까

오색의 궁전에서
세상 모든 것을 그려내고 있었을까

살아온 이 기쁨이
영원 앞에 남아 있었다

비 내리는 날에도
슬픔이 쏟아지던 날에도
잊지 못할 사랑이 있었기에
수많은 사람의 가슴들은
행복한 마력에 취해
너를 마주보면
눈물을 죽죽 흘리며 행복해진다.

*: 행복한 눈물을 보며-

제 3 부

내게 사랑을 묻다

비누, 온 몸을 벗다

스텐리스 송곳에 온 몸이 깊게 찔린 채
설백의 여윈 뺨을 내밀어
그대들에게 날씬한 나신을 보여주기 위하여
난 바람처럼 웃지요
고속도로 휴게소 평온한 화장실에서
그대들의 손에 안기어 발가벗기어진 채로
한 움큼의 무늬거품으로 변신을 하고
견딜 수 없는 얼굴이지만
미소로 참아야 하는 저이기도 합니다
그대가 세면대 앞에 서면 이 몸을 더욱 좋아 하기에
세찬 물세례 받으면서도 바람처럼 또 웃어 봅니다
여자이건 남자이건 상관도 없이
알싸한 나의 거품속의
피부를 가만히 사랑해 주시지만
자꾸만 작아지는 몸이 되어 괴롭기도 하지요
신비로운 연민 때문에 그런건지
속살 냄새에 취하여서인지 황홀해 지는군요
싫은 척 하지 못하는 목덜미 주위를

그냥 문지르는대로 이끌리어 더듬어 갈 때면
그대와 따뜻한 일치감으로
물의 손끝에서
야릇한 감정이 촉촉한 속삭임에 홀린 채
매끄러운 나의 청춘은 그 무엇 되어 어디로 흘러가나요

시월의 뜰에서

바삭바삭 잘 마른
가을,
오색바람을 입에 물고
여물어가는 소리를
풍경 속으로 내뱉으며
백두대간에
섭생하러 가는 중이다

시를 쓰기 전에

머언 먼 뒤를 돌아보라
의식의 존재가
무의식의 존재로 가능할 때
시는
내 앞에 서성거린다

널부러진 혼돈의 상념까지도
깨어남으로 만났을 때
시혼은 길거리에서도 팔랑거린다

의식의 가락들이
기억의 굴레로 떠돌아다닐 때
시의 태양은 산마루를 넘어
솟아오르기 시작한다

마음의 깊이

혼탁한 마음을 알 수는 있어도
맑음의 깊이를 잴 수는 없다

오늘 무성하던 나뭇잎도
내일의 관계를 알 수 없는 것

죽음의 깊이 알 수는 있을까
느닷없이 벌어지는 형벌인가 안식인가

폐선처럼 걸어가는 길
영혼에도 보이지 않는 삶의 바퀴들

순수하게
내 마음 모두를 내어놓아야만
깊이의 바닥을 볼 수 있을까
나는 나의 존재를 알 수 없기 때문이다

들개 사냥

여의도 하늘아래
일 년 내내 목덜미를 잡아 끌며
뇌성雷聲의 소낙비가 내린다

흑심으로 비리를 난타하는
선수 한 사람이
진눈깨비 통째로 삶아먹은 채
들개로 변신 중이다

넓은 초원에
어린 목동의 정의로
여의도를 걸어라

달빛타기

달빛타고 올라서서
달에게 입맞춤이나 할까

너무 높아
오르지 못하면
동구 밖 느티나무가지에
걸릴 때까지
기다려나 볼까

사랑의 구슬을 하나하나
절절히 꿰어
매끈한 달의 목에
걸어놓아
호젓한 흰 구름 뒤를 따라가
달빛을 타면
나도 달이 되어
이 세상을 비추겠지

꽃씨를 심어

1

그대를 위하여
마음속의 정원에 꽃씨를 심었습니다
빨강, 노랑, 주황, 파랑의 꽃잎이
실바람에 웃고 있습니다
꽃이 피어나겠지요
새처럼 훨훨 날을 수 있다면
내가 심은 꽃을
세상에서 가장 힘든 사람들에게도
한 송이씩 드리겠습니다.

2

그대를 위하여
마음 속의 들판에서 꽃씨를 심었습니다
바람은 앉아 바라만 보고
들판에서
풀꽃들이 아침에 싱긋 일어나며
약속이나 한 듯
사랑의 꽃들이 향기를 날리며 피어납니다.

내게 사랑을 묻다

남루한 출입문이 열린 채
불화로의 그을림으로 살아가는
지나간 날에
달빛이 아려오는 상처뿐이다

느릿느릿 거북이처럼
모래밭에 앉아
내 꿈속 잠든 사랑을 기다리며
엉긴 삶의 중심을 뼈마디로 풀어내
무명 홑이불을 개켜가는
아내에게

덧없이 흘러가는 세월에
울타리 밑에서 눈물겨운 그 날도 있었으리라

타향살이 너무 매웠던가
새벽종처럼 맺힌 이슬만 닦아내다 지쳐버린
나의 아내에게
진정으로 사랑한다는 말을 못한 채……

가시나무 가시새 되다

가시새는
떨어지는 하늘의 뼈를
노란 주머니에 모아다가
가지에 붙이면
비가 내린 뒤에 가시로 솟아난다

둥지를 짓기 위해
제 모습을 호수에 비춰보면서
허공에 날갯짓하고
가슴을 가시에 찌르며 날아가면
핏덩이 몽우리가 되어

가시나무는
스스로 몸을 흔들어가며
초록이파리가 돋아나
가지 끝에서
작은 둥지만한 꽃이
조잘거리듯 거꾸로 매달려
가시새가 되다

소낙비의 내력

이미 짐작을 했었구나
객기를 부리는 줄 알았더니
어지러운 오늘의
심상들을 쏟아 붓는구나

소낙비의 육안이
떼로 뭉쳐 내리는 것은
대지 위에
이유 있는 소문이 들렸을게야
멀미나게 잘난 사람들에게
비는 내리고

아, 시원하게 소리 지르며 내리꽂는
소낙비여

고독의 시대

이제 고독하지 말자
분노의 눈물이 종일 마르지 않아도
절망하지는 말자

고동치는 가슴아
오늘의 햇빛이 저만큼인데
과잉의 오늘이
고독으로 쌓일지라도

꽃으로 피는 미래의 젊음을 위해
술의 기운으로나마
폭포수처럼
내 너를 잊어버릴 수 있다면
고독하지 않았으면
참으로 좋겠다

어두운 침묵 앞에서

그것은 지나가는 침묵의 바람
열어놓은 마음으로
무엇을 기다리고 있듯
우리들의 혜안은 낯설고 보이지 않네

때늦은 운명을 풀었다가
절망이란 부리에 찍혀
시퍼런 멍자욱에 텅 비어버린 마음으로
무명의 등불을 껴안고
잠시 쉬었다 가자

나는 허름한
꿈을 훔치는 사나이
때로는 부서지는 폭소를 허공에 터트리며
갈등 속에서 울고
등에 짊어진 십일월의 침묵 앞에서
무너지고 만다

아,
부재 속에 웅크린 침묵아
붉은 바다를 건너는 바람아
나의 침묵이고 싶다.

녹차를 마시며

푸른 잎의 기억들이
마른 잎으로 어우러지는
첫 잔을 마시며
무욕無慾으로 가는 길이다.

아홉 번의 숨결로 서로를 안으면
호수처럼 깊은 열꽃으로
두 째 잔을 마시며
무소유無所有로 가는 길이다.

곱다랗게 눈감은 채
설레임이 자꾸 번져가는
셋째 잔을 마시며
무심無心으로 가는 길인 것을……

양귀비는 홀로 피지 않는다

화려하게 피어나
홀로 즐기지 않는 꽃이다
환상의 하얀 혓바닥을
보이지 않은 대지 속에 낼름거리며
어두운 끝자락의 두건을 쓰고
흔들리는 그림자만을 쫓아가는
악마의 바람처럼
한무더기 숨어있는 꽃

아리울에서

대지의 힘찬 노래가 처음으로 열리는
아리울은
세계도시의 어머니
푸른 바다의 기둥을 부여잡고
일출日出이 잠시 멈춰서다

아리울에서,
길고긴 막음 도로를 달리다보면
미풍微風처럼 마음이 평온하다

수평선 너머 뱃길이 널따란 하여
거대한 배들이 정박하기 좋은
아리울에서
국적이 다른 사람들의 행운과
새로운 꿈의 가슴을 열어가는 곳

높고 푸른 날에는
하늘이 내려앉아 바다에서 수태受胎를 이루는
아리울에서

장마 진 날의 고백

헝클어진 지난날의 발작이었어
물방울들의 이야기는
새파란 나뭇가지의 눈빛으로
약속을 원해 왔건만
여기저기 구겨진 들끓는 심장에서
흐느적거리는 맥박의 분산과
물보라 치는 세상에서
아, 숨이 막혀오는……
산화되는 혼의 거리마다
두고두고 말 못하는
벙어리의 슬픈 날처럼
가련한 지난날의 기억들이
먹구름 속에서 햇살을 휘어잡으며
천둥을 끌어
그 방황의 끄트머리에서 고독과
물위를 걷고 있었어

꽃잎

꽃잎이 떨어지는 날
봄 자락마저 호로록거리고
햇살은 시냇물처럼 흘깃거린다

연두바람이
꽃잎의 상처를 기웃거리다가
싱긋, 무슨 말을 전해줄까
어둠길 몸부림치는 그 자리에서
영영 오지 않을
붉은 옷고름 살포시 풀었는가

시든 꽃잎 위에
달빛도 허무의 집을 짓고
실바람을 만나려면
메마르던 가벼움을 깨물어서
가시리, 가시리라

제 4 부

불새

12월의 편지

하얀 눈발이 뚝뚝 떨어지는
동백꽃 같은 추억들

하늘 아래
빛바랜 풍경들이 하나씩 사라지고
가늘고 짧은 내일의 꿈이
내 앞에 흩날릴 때
영원히 서있는 나목이 되고 싶다

바람소리에
노을처럼 내려가는 세월이
자꾸만 펄럭거리는 내 마음이여

이젠 옛날로 돌아가
미소 짓는 만남을 위해서라면
창문밖에
펄펄 날리는 눈송이마다
그리움으로 남는 이름들을 새겨보며

때 묻지 않은
하얀 사랑의 편지를 쓴다

은어이야기

은어 떼는 보름달이 강물에 비출 때를
기다려 달빛에 묻어 내려오는 이슬을 먹기 위해
알몸으로 물위에 튀어오른다

풀벌레소리 그치면 오르지 못하고 물 바위
속에서 휘휘 방황하다가 벌레들의 합주곡이
강물에 떨려오면 일제히 흥분하여 높이 오르며
춤을 추고 신이 난다
그래서인지 달빛을 닮았고 강 어귀를 따라 피어있는
구절초, 개망초꽃, 달개비, 쑥부쟁이 물그림자 밑에서
수박 향내 나는 물맛을 홀짝거리며 일생을 살아간다

섬진강 노인은 지금도 보름달이 떠오르면 긴 잠을
설치며 은어들과 이야기를 나누며 백수를 살고 계신다

군무

돌섬을 돌아 비상하고 있다
강물은 너울너울 하얗게 웃고 있다

노을 위에서
낮달 위에서
섬과 산 사이에서
어둠의 찰나를 그려내듯
가창오리의 군무와 합창소리는
강물에 떨어지고 있다

기러기 떼
북쪽에서 통일을 입에 물고
허공에다 끼적거리며
하나의 몸짓으로 날고 있다

노을에 그리는 수묵화 한 장
움직이는 하늘

시詩의 임종

낮과 밤을
뜨거운 외침으로
우주의 한 형상을 써내려가도
아수라가 적어놓은 듯
부서져버린 혼백의 시편詩篇들

눈보라 속에서
어느 겨울의 태양도 불꽃으로 타오르지만
나의 시는
뜨더귀처럼 표절되어 사라져간다

달빛무지개

잠수교에는 달빛 무지개 뜬다
일 년 내내 햇살을 머금으며
희망의 다리를 건너와
너는 나에게,
나는 너에게,
사랑의 푸른 정원이다

정말
지쳤던 하루를 위하여
자전거를 타고 한 번쯤 건너가보라
힘차게 물살을 가르며
행복의 무지개는 마음속에서 차오른다

세상, 어디에도 없는
달빛 무지개를
물속의 고기들도 건너고 싶어
더 높이 튀어 오른다

불새

첫 사랑이 눈물처럼 흐르는
영원한 이별이더냐

정녕
너와 나의 알 수 없는
한 아름의 불덩이를 품에 안은 채
봄가지에 홀로 앉아서
두근두근 화닥거리는 가슴으로
불새가 되어
사랑의 불새가 되어
허공으로 타오르며 날아간다

봄의 하루

잎사귀에서
소생하는 소리가 들린다

노란 발톱으로
꽃의 마음
미풍이 남기고 간
그 향기에

공원 벤치에서
장미 같은 연인들의
사랑하기 좋은날

바람 줄에 걸어놓은
나른한 햇살이
연둣빛 세상을 입에 물고
성찰하는 이 봄날에

엘리뇨

실없는 사랑은 그 만큼의 시간을 빼앗아 갔습니다
허탈한 현실에 눈곱이 끼고
불신의 소용돌이는 꽃잎마저 떨어지고
먼 바다에서 파도를 앞세워오며
어둡고 혼란한 안개를 순산합니다

진실은 어디 있는가요
아무리 채워도 채울 수 없는 욕망을
얇은 아가리에다
몇 십 년을 삼키고 아직도 배가 고픈 듯이
상어의 이빨처럼 드러낸 거짓말에서
마지막 이 땅에 남은 젊음들을
독선이라는 카드로 둘러치는 사랑의 남용자들
천년으로 치닫는 또 다른 대답인가요
풀잎처럼 듣고 싶었습니다
따스한 남쪽으로 걸어가는 날들이었건만
가을처럼 느닷없는 변절인가요
겨울의 진눈개비 펄펄 날리는 배반인가요

역사를 밟아 시대의 산봉우리에 앉아
단물을 빼앗는 엘리뇨인가요

진실은 어디 있는가요

용서 하는 법

누구든지
가만히 누워있으면
누구라도 용서를 못한다
심연에 뭉친 덩어리를
수년을 밑바닥에서부터 풀어야
용서하는 법을 안다

고백으로 꽃머리의 화려함을
덤으로 주어야만
용서하는 법을 안다

앙금이
눈물 바깥으로 흘러나와
구르다보면
불길은 삭아들어
마음은 맑아지며 벽이 허물어지고
늦은 시간 작은 몸 짓 하나에도
용서 하는 법을 안다

수레바퀴처럼
제 얼굴을 땅바닥에 문지르며
선행의 바퀴로 굴러야만
용서하는 법.

허수아비와 새의 곁눈질

빈 가슴을 내리누르는 고독의 정원에서
누런 과잉을 보자

창백하고 가느다란 햇살이 부서지는
다채롭고 매혹적인
새의 곁눈질

황금빛 들녘에서
머리에 밀짚모자 눌러쓰고
예스도 노오도 없는
언제나 바람결에 날카로운 마음인데

신변을 돌아다보면
우듬지 끝 둥지에서 서툰 바람이
포르릉 포르릉 새끼들의 가벼운 깃털을
퍼덕이고 있다

허수아비는 외발로 서서
흔들리는 침묵으로 기다리기만 하나
기침 한 번 못한 채.

지하철에서

이른 새벽에
비켜 설 곳 없는 전동차 안은
젊음들이 가득하다
나직한 기적소리는
몰골스런 새벽을 밀랍처럼 굳히는데
더러는
지나가는 것과
돌아오는 것들이
보이지 않는 벽기둥을 주시해본다
칸칸마다 인생의 불빛들이
화려함으로 만원인데
도착하는 역마다
길고긴 전동차의 하얀 입술들이
황금 같은 시간을 키재기 하며
빠른 발걸음으로 목적지를 향하여
좁은 터널 길에
먹이를 쫓는 솔개마냥 날개를 펴고
또 다른 눈빛을 안경너머로 쳐다본다

자화상 1

촛불처럼 눈은 흐려져
검은 수염이 흰 수염으로 변해가도록
눈꺼풀이 화끈거리는
횃불 같은 행동을 하지는 않았을까

저 깊고 깊은 마음의 소리
진실을 누가 알고 있을까

아직은 끝이 아니다 하면서도
불가능한 술을 마시며
붉은 나무를 찾아 헤매는
검은 벌레처럼
귀먹었던 추억이
입 다문 채 말을 못하고
더듬거리던 세월도 잃어버린 채
나의 몸부림은
조그만 냇가에 굴러가는
몽돌이 되었을까

자화상 2

나는 세월이었다
멍들어버린 오늘이었다
삶의 질속에서
홀로 지켜내는 등불이었다
욕망의 불덩이가 가득한 채
또 다른 팔을 베고
떨어져버린 꽃잎이었던가

이제
고달픈 향낭을 허리에 둘러차고
젊음마저도
농익은 과일로 떨어져버린 채
내 살아가는
새로운 날의 희미한 등불이다

호랑나비

꽃잎 속에
날개 접고 가만히 앉아
햇살을 밀어 올리며
보랏빛 사랑
몸부림치듯 껴안으며
이 찰나의 몸짓으로
내 꿈이 떨어져도 좋아라

너는 그노시스의 전설

주: gnosisi - 고대 그리스 말기에 나타난 종교철학상의 神의 인식, 초감각적인 신과의 융합이 체험을 가능케 하는 신비적 直觀

어린 그 겨울밤에

흙 마당에서는 댓불이 탁탁 못된 시간들을 쫓고 장작불 나긋이 지핀 방에서는 동네 어른들의 투전놀이에 남폿불 사그라진 줄 모르고, 장광에서 들불을 켠 개가 지딴에는 겁을 먹은 듯 컹컹 짖어대던 섣달 그믐날 밤

눈썹이 희어진다는 신화에 밤잠을 설치면서 쿡쿡 찌르는 눈망울 요리조리 굴리며 밤을 지새워야했다.

어머니는 떡시루 틈 사이를 메우시며 학교 못간 누님은 연신 솔가리를 아궁이에 지피며 눈물 닦던 그 시절이었다.

광목저고리에 검은 치맛자락 눈물 마를 날 없는 어머니는 삼년동안 흉년이 들어 고생은 이루 말할 수 없었고 아버지는 십 수 년을 병환으로 누워 계시고, 통밀을 타서 껍질 죽을 쑤어먹고 맷방석에 모두들 누워 하늘에 별만 세던 시절

어머니는 가슴앓이가 도져 성만 나면 온 방안을 기어다니며 가슴에서 무언가 꿈틀거린다며 못살겠다고 살려

달라 애원하시던 모습이 지금 눈물겹습니다

그 시절의 눈물이 지금도 가슴에 남아 울컥거리며 천상에 계신 어머니가 자꾸만 생각이 나서 섣달 그믐날이면 그 겨울밤, 온 가족 한숨 짓는 소리가 들려오는 듯

가슴이 찡하게 아려옵니다.

어머니.

내 영혼에 휴식을 주는 여인

지워버릴 수 없는 여인이 있습니다

영원히 잊어버릴 수는 없습니다

해맑은 여울물이 가슴에 흐르는 옥수玉水처럼 찰나마다 시간을 주어 봄을 터트리는 모습이었기에 변함없는 하나뿐인 여인이 내게 있습니다

수 천 미터의 심해深海, 칠흑 같은 그 곳을 가르는 빛 한 줄기를 나의 심로心勞에 심는 여인이기에 나의 삶은 살아있음을 마음속에 투영해 봅니다

사랑하는이여,

그대는 그리움을 남기고, 기다림의 시간을 남기고, 촉촉이 적셔오는 미련을 남기고 휴식은 행복의 숲속이기에 여행을 떠나심을 참으로 잘 하셨습니다

그대의 사랑이 머물고 간 저녁노을 사이에서 오렌지 빛이 들창문을 들여다보며 사랑이 머문 작은 방에 황금꽃으로 피어난 듯 화려합니다

사랑은 용서이고, 사랑은 인내의 정신이며, 사랑은 거짓 없는 두 사람의 한마음입니다

사랑의 힘은 말없는 성자를 만들고 영혼에 편안함을 주며, 달콤한 물방울을 뱉어내는 푸른 엽록소처럼 끊임없이 샘솟는 무형의 찬란한 맑은 보석입니다

사랑하는이여,
흐르면 흐를수록 흘러가고만 싶은 냇물처럼 사랑도 깊으면 깊을수록 그리워하며 이제 그리움의 연극으로 조명 없는 나의 방에도 늘 그대의 모습이 불을 밝히는 촛불이기에 그 어떤 질량 보다 우리는 정말 사랑합니다
절망에서 소망으로 출발하는 반려이기를 간절히 바라오며 참으로 많은 것을 베풀어 주셨음으로 내 영혼의 살오름이 충족된 포만감으로 눈물마저도 쏟아내는 사랑이었음을

그대와 내가 함께 걸어가야 할 사랑의 맹세를 하고 미혹의 늪에서 허우적거리며 울부짖는 사나이의 고독한 사랑의 절규를 받아주시길 바라옵니다
사랑하는이여!

천둥소리

울지 마라
한 동안 꿈틀거리는 상처가
허공에서
울화병이 날만도 하지

어쩌다가 과거를 토해내며
매번 번쩍이는 억울한 누명을
절절히 내리질러서

세상 가리는 일 외에는
정착하지 못하고
목쉰 소리로
여름날 장대비를 내벗어던지며
휘어진 불화살의
머리칼 풀어 헤치는가

우르릉, 먹구름 곁에서
일생을 짜릿한 팔 끝으로
세상을 뒤 흔들며

제 5 부

낙엽에 쓴 편지

여행길

구름이 먼저가고
바람은 먼 곳 만을 돌다가
낙엽을 데불고 가는
여행 길

년년 해를 만나지 못하여
기다림의 정을 오늘에서야 풀어놓고
한 잔의 술에
불꽃처럼 달아오른 얼굴
노을이 되었다.

서로가 돌아서질 못하여
눈물이 맺히고
모두 만남으로 여러 빛깔이 되어
흥겨운 악보로 노래 부르자

우리를 쓸쓸하게 하는 것들
여행의 부재인 것을

죽은 시인의 세상

마지막 잎새이련가
심장이 삭아버린 모습으로
풀잎을 가로질러 떠나는 바람으로
두루마리 화장지 구멍에 머리를 넣을 듯
지친 수양버들이 되신
노 시인께 인사를 드린다.

"사람은 이렇게 한 세상 살다 가는거여"
시인의 한 생애가 푸념 섞인 채 병실을 돌아
허공으로 둘러 나가고,
이 봄날에
세월에 속은 한 시인이 가시는가보다
생명을 야금야금 갉아먹은
수억의 암 벌레들이
우글거리며 깊이 파고들어 활개치는가보다

아, 살고 싶다 살고 싶다고 애원하던
죽은 시인의 세상

갈비 이야기

마음속에 고요히 젖어오는 바람처럼
시간이야 있으리라

퇴근길에 쓸쓸히 걷는 날이면
목마른 입안에서
얼젓국지 생각이 난다

기분 좋은 술맛에 기대어
바알간 갈비는 유혹의 입맞춤이다

마음의 짙은 향내로
다정한 친구, 가족들과 어우러져
서로의 대화를 들어주기에 아늑한 전주

수련꽃 만한 접시 위에
신선한 채소들이 듬뿍 버무려진 채
매운 열정熱情으로
땀에 젖어가는 한 순간이라도
나의 행복이 맛있는 꽃으로 필 수 있을까

그 무엇이 되어

한 세상 찾아다니다가

햇살 되어,
공기 되어,
달빛 되어,
바람 되어,
구름 되어,
비가 되어,
바다 되어,
낙엽 되어,

단 한 번만이라도
그 무엇이 될 수 있다면
이 세상에서 기웃기웃 거리지 않을 것을……

화두 하나

조그마한 암자의 석간수를 마시고 산 아래 내려가 스님과 자장면 집에 들어갔다.

합장을 드리면서 스님에게 자장면을 좋아 하시냐고 물었다

"이 세상이 하도 어둡고 어지러워서 속세에 곁들여진 자장면을 먹으면 내 뱃속에서 하얀 살결로 소화되어 오늘 같은 세상 더욱 하얗게 될 것 아니오 그래 언제부턴가 검은 것이 있으면 하나씩 삼켜 버리는 버릇이 있답니다 은행나무가 노랗게 익어 땅에 떨어지면 독 한 냄새가 왜 나는 줄 아오? 삼경에 간간이 떨어지는 놈은 어둠속을 구르다 구르다가 날이 새고 그 다음날 밤에 곯아빠진 어둠을 가득 먹고 배출할 길이 없어 그냥 뱃속에 담아두기 때문이오."

구불구불 산길을 오르면 오채五彩의 나무들이 합장을 한다 낙엽들이 배시시 웃으며 허공을 맴돌아 길 위로 떨어지며 용서해야할 곳을 찾는다 산사의 나목은 탐욕을 달래기 위한 불심으로 서있고, 가을 어둠은 일찍 서둘러

내리고 산등성이의 그림자는 고요를 밟으며 새 한마리
가 화두 하나를 물어 날아가고,
　파리해진 달빛이 내 처소의 창문을 두드린다.

한 줄의 시

내 마음을 열지 못했습니다.
한 줄의 시어
영혼의 시린 백발이 날리면
어두운 하늘만 보이고
솔직히 세상은 보이지 않았습니다

마른 땅위로 빗방울들이
떨어지는 동안
촉촉한 나무들의 웃음을 알지 못하고
마음을 적셔주는 용해된 시어들은
수 백날이 지나도록
나를 외면한 채 날아만 가고
젖은 달빛이 얼굴을 닦아줄 뿐입니다

온 산과 들이 사라져버린
외롭고 쓸쓸한 고백으로 남은 날들은
두 눈이 멀어버린 채
지금도 가슴이 텅 빈 까닭으로

절망의 뒷자락에서
뒤집어 놓을 시를 찾았지만
정신줄 놓은 나그네처럼
한 줄의 시를 찾아가질 못했습니다.

위선

위선을 발밑에서 놓치지 말라, 우리의 미래를 위해서 진실은 무엇인가, 정의는 무엇인가 길고 긴 시간과 삶의 무대 뒤에서 무엇을 감추고 있는가

나는 보았다 빛나는 거짓과 우글거리는 권력의 왕관 밑에서 썩어가는 더러운 황금을 가진 자들, 보이지 않는 상처사이로 조금씩 검은 피를 마신다는 것을, 그 들과의 규합을 원하지 말라

자연의 순리대로 그 결과에 순응하며 생활해 갈 수 있는 시간은 그리 멀지 않을 회오리가 되어 불어온다 그리고 평범한 생의 징검다리 정의로운 꽃 그 빛남이 멀리 퍼져 나가 또 하나의 씨앗이 되어야한다

오늘의 썩은 영혼을 삼키는 정의의 용사가 되어라 오로지 내일의 가능성으로 새로운 날을 걸어가는 위대한 자명종이다
위선을 발밑에서 절대 이탈시키지 말라

찔레꽃

새벽이면 괜히 눈물겨워서
고스란
고스란
하얀 소복을 입고
모악산 비탈진 바람 앞에 앉아
한 자락의 살점
봄 날의 길목에 돋아났다가
절레절레 한숨을 토해내는
찔레꽃

바람개비의 추억

허공은 구름들의 오래된 정원이다
아슴아슴한 세월
열풍에 섞인 여름이라 했던가
일출의 살갗은 타고
이슬도 잠든 먼동의 출발선에서
추억을 생각한다

후덥지근한 팔월의 꿈속에서
남아 있는 혼을 쏟아내며
먼 날의 불빛 통로를 만들어내고
돌고 도는 어리석음의 생애로
작은 시간들을
날개에 벗어놓는다

지친 노동의 밤에
초승달은 나의 심장처럼 기울러진 채 떠 있어
과거가 쌓인 세상으로
하염없이 돌아

내 삶을 먹구름에 몰아넣고
가쁜 숨소리만 허공에 날려 보낸다

무지개

물안개 아이들이
하늘의 눈썹을 알몸으로
가위질 한다

야, 아그들아
강 건너 여름노을에
헤엄치며 놀다가
칠색속살에
꿈을 섞어 뿌리더냐

꽃구름 잔등에서
높게도 낮게도 아닌
빈 바람에 앉아
가벼이 춤이라도 추어라

할미꽃

낮이나 밤이나
노을 진 해처럼 고개 숙인 채
산기슭에 서있는 건가요

새벽이슬에
백발 무성하도록
풀잎의 꿈을 들으며
시름간장에 굽은건가요

한 때는
청춘의 그리움이
헛된 꿈이 아니었기에
두견새는 울어대고

정읍 오일장에 가신
늙은 오라버니
뼈 오그라지게 기다리다가
화롯불에 데어 자국 난
자줏빛 입술인가요

저 울음소리

푸른 집에서 내려온
지는 태양의 양심하나가

깊은 밤이면
바위에서
자유의 변주곡이 들리는 듯
두 눈에 진실의 불빛이 살아난 듯
촛불을 켜고
부엉바위가 울고 있습니다

꽃샘추위

잔설이 아직은
뜰 안에 웅크린 채
검은 고양이
몸을 떨다

나목에서
봉긋한 솜털이 나면
저 만큼에서
봄 하늘이 앉아있었지

노오란 발톱에서
여기저기 연둣빛 풋내를
찬바람이 안길 때면
목 놓아 울고 오는
검은고양이

아이스등

아이스 유리판에 거꾸로 누운 채
넷째 번의 귀엣말을 말없음표로 뜨겁게 들어가면서
숨소리마저 크게 내지 못하는 장미와 흰나비, 부서지는
화려함에 전신을 문지르고 있다

빛은 내 허락도 없이 그림자들의 뒷모습까지도 경계선을
느끼지 않은 듯이
잠들고 있는 모든 것을 일으켜가며
노려보는 밝음의 기둥들이 너무 거대해진 탓일까
밤이면 물질의 사라짐 속에서 생명의 부활을 기대하듯
더욱더 열정을 토해대며 산란을 풀어내는
환영의 덩어리다
내 눈언저리까지 시건방지게 긴 촉수를 뻗어
눈동자의 호수에 떠있는 이성理性을 발길질하면서

아이스 유리판 위의 장미와 흰나비,
장미는 반신으로 파장의 바람소리를 즐기고
흰나비 양지바른 곳에서

벽 그림의 해오라기 둥지에 날아들어 새끼에게
흰구름에 닿을 날갯짓을 가르치는가보다

빛은 모든 눈꺼풀이 내려앉아 잠들 때까지
산란을 즐기는 걸까

피카소의 누드에 대하여 1

-녹색 잎과 상반신

감아버린 눈 마른 눈물 속의 미래는 행복할까?

눈의 탯줄에 연결된 녹색 잎은 초조하고 불안한 생명줄이다

두 개의 유방은 언밸런스로 그려져 있다.

불룩한 쪽에 태어나는 아이가 세상 첫 경험의 작은 부드러운 혀를 댈 것이고, 또 하나 움푹 들어간 유방은 피카소의 영혼이 환상적인 설렘의 희열을 문지를 것이다

커튼에 가려진 악마의 탈 모습에서는 피카소의 사랑에 대한 정신 분열과 반항적 흔적들이 정열적으로 그려져 있다

달콤한 과일의 정돈된 결정을 보았으며 아직 꿈꾸지 않은 미래의 무질서는 푸르디 푸르다.

기운이 덜 찬 목덜미의 곡선에서 싹터오는 식물줄기의 미묘한 노랫소리가 고요히 들려오는 듯하며 벗어놓은 검고 기나긴 치마가 세상 밖으로 탈출을 시도하는 듯이 피카소의 덜 익은 영혼을, 세상의 세상 허공의 벽걸이에

영원한 매듭으로 엮은 놓은 채 창문을 가리고 있다.

팔베개의 깊고 긴 손가락, 귀를 향해 가슴의 신음소리가 떨리며 가늘디가는 곡선 하나에다 전달하려한다.

피카소의 연인 마리테레즈 발데르, 행복한 불운의 여인인가?

눈물 섞인 비참함과 절망에 물들어 버린 녹색 잎이 되었을까?

싹이 돋아나기 전부터 예견된 불행과, 사랑과 이별을 알고 있었을까?

감아버린 눈에서 새록새록 아이의 모습은 녹색 잎에 위대하게도 세상을 바라보지 않을 듯 시련을 무시하고 울음소리 한번 없이 손가락의 정지 된 터치만으로 세상의 문을 열어 태어나고 있다.

피카소의 누드에 대하여 2

-녹색의 눈덩이

녹색 잎에는 뜨거운 열정과 상상속의 세계가
동화 작용의 조화를 이루며 형이상학적 풍경으로 그려져 있다.
무질서의 천재 예술가는 질서를 대변하여
새로운 질서에 반항한다.
식어가는 사랑에 대한 녹색 잎의 덧없는 임베디드이다.
연인들의 사랑을 치열하게 무질서의 손으로 붓을 향하여
또 무엇을 얻고자 하는 배신과 사랑을 실험도구로써
과거로의 회귀, 현대의 러브 로드를 생성시키면서
내부에서 일어날 수 있는 한 현상을 인간모습으로 승화시켜 나가며
영적 세계의 모순을 적나라하게 되돌아보며 무한의 시선과
상상력으로 도출되는 아이디어가 절정의 홍분을 가라앉힌 채
손끝에서 조화롭게 창조되고 있다
피카소는 이렇게 말하고 있다.

"나는 사물을 본대로 그리는 것이
아니라 내 생각대로 그린다."
외로움의 색깔이 깊은 마음의 바다에서 떠올라 서로 다른 캠퍼스에서 괴기한 표현으로 출렁거린다.
파도처럼 부딪히며 꿈틀거리는 상상의 날개는
우주의 눈을 멀게도 한다.
봄날처럼 왔다가 아무도 볼 수 없는 차가운 겨울하늘처럼
자연을 과감하게 터득하고,
녹색의 눈덩이가 되어 세상을 향해 내면의 익은 비늘들을 벗긴다
심적 불안에 갇힌 채 영원히 흰 벽면의 중앙에서 빛나는 듯한
환상적인 색채, 떠오르는 공감각적 예술의 진맛을 전하는 예술가는 반항아다 천재 피카소는 늘 외로운 나무를 즐겨 그리며 꽃으로 활짝 피어나게 하는
스트레스 같은 존재다

피카소의 누드에 대하여 3

-낙엽에 쓴 편지

여윈 뺨에 살긋빛 행복을 주시는 그대가 나의 연인이 되었다는 게 저로서는 다행입니다

만일, 녹색 잎이 땅을 향했던들 그대와의 사랑은 이루어질 수 없었으며, 나는 그대에게서 한 잎의 꽃으로만 피어나면서 그리움의 향기를 풍겼을 뿐입니다.

잊지 말자던 사랑의 맹세는 결국 과거의 영롱한 눈물이 되었으며 또한 무엇이 되었을까요?

화려했던 나의 나신이 몸부림치는 시간으로 흐르던 날에도 깨닫지 못함을 이제야 후회합니다

그 오월의 밤이 지나가도록 빗소리에 젖은 사랑이 나의 품에서

그대의 살내 나는 푸른 빛깔이 너무 희미하였음에도 알아차리지 못함을 정말 미안합니다

제 나신의 그림을 보는 순간, 나는 마음에 담아 둔 슬픔에 눈물겨웠고 절뚝거리며 지나가는 강아지를 더욱 연민했음을 이제야 밝혀둡니다.

그대에게, 나의 사랑은 텅 빈 사랑으로 회랑을 지나가는 잠 못 이루는 바람이었습니다

탐욕이 숨을 쉬는 착잡한 심정으로 그대의 주위를 배회하면서

사랑과 인생을 즐겼으며 먼 훗날 또 다른 사랑을 맞이할 때까지 그대의 분신들과 뜨락을 거닐며 영원한 추억으로 남을 그런 나날이 되겠습니다.

피카소, 용서하십시오.

마리테레즈 발데르 올림

제 6 부

아직 끝나지 않은 사랑

가을 백서

푸르름으로 지내오던 일상들이
뿌리를 깊이 내리고
가을의 눈망울이 묻혀가며
차디찬 고개를 숙인다

낙엽 구르는 소리에
속삭임마저 말없이 물들어가고

마지막 곡조로 쌓이던 노을 위에서
팔팔하던 지난날의 추억도
넉넉한 햇살의 그리움도
붉을락 누를락 사위어 가는 산야에서
빛바랜 가슴앓이로
가을은 잎사귀를 내려놓는다

어린이 날

오월의 동심은
찬란한 연둣빛 숲속

비눗방울보다 더 순수하여
손뼉을 치면 날아오르는 둥근 날개

오월에는
일곱 빛깔 무지개를 타고
푸르른 빈 하늘에
가득히 색칠하는 날이다

배롱나무를 보다가

배롱나무는 어릴 적부터 스스로 옷을 벗고 살아간다지요

바람이 사알짝 불기만 해도 간지러워 몸을 마구 흔들며 백일 동안을 배꼽 빠지게 웃으며 꽃을 피운답니다
그 간지러움에 꽃잎을 스스로 떨어뜨려 향내는 더욱 짙어만 가는데요
반질거리는 몸매를 자랑하고 싶어 바람의 겨드랑이를 또 슬슬 건드린답니다

꿀벌이 날아와 미치고 환장하여 가장자리만 날아다니다가
꿀 먹을 시간조차 잊어버린 채 노을이 내려앉으면 집을 향해서 윙윙 날아가 버리는데요
봄날 오라지게 배롱나무꽃 생각나서 하, 그날이 그립고 서운하고 분하고 억울하여
어찌어찌하여 배롱나무를 찾아 그 다음날에 꽃잎을 유혹하여 꿀을 따려하지만

결국 또 꿀 따기를 잊어버린 채 날아가 버린답니다.

매끈매끈한 종아리에 자지러지는 배롱이
오메- 그 유혹에 나도 미쳐버리겠네
옷 벗는 솜씨를 봐라

쌍무지개

제 그림자의 아름다움 보이기 위해
일곱 마디로 두근거리는
쌍 심장으로 피어

은하수에서 못다 이룬 사랑
참아내지 못하는
구름의 변주곡이다

하나만의 사랑
정녕 만나지 못하는 걸까
해거름은 기약 없이 기울고 있는데
저기 굴헝 앞에
사랑하는 연인들의
쌍무지개가 피어난다

어떤 이별

아직 피지 못한 꽃봉오리
너와나의 사랑
마음의 문은 닫혀있기에
멀어지는 눈망울로 더욱 깊어지면
호수위의 수련꽃처럼
눈물로 핀다

아직 끝나지 않은 사랑

시든 꽃 한 송이 남기고
주소마저 말없이 휑하게 떠나버린
그대와 나
이별하겠다는 마지막 목소리는
천둥소리로 머리 맞아 무너지는 듯
절망감이었지만

이제 추억 속으로 흘러가버린
감미롭던 날들
쓰디쓴 커피 한 잔으로
헤어져야할 사랑이었나 보다
눈빛 사슬이
나의 운명을 바꿔 놓았다 해도
수정처럼 단단한 얼음위에서
먼 곳의 바람을 영혼처럼 맞이하는
그런 사랑 하나

단풍잎

푸른 나뭇잎들의
낮은 곳으로 떠나는 여행길에서
태양의 심장을 매달고
가을이면
화려한 모습의 지난날을
바람에 흩날리며
불면의 밤을
마지막 혼불로
몸을 저리 태운다

병동 소녀에게

실비 내리는데
스무 살의 육신은 열살 박이 체구이지만
목구멍에 난 상처에는
이승과 저승의 방 한 칸 사이
창밖에 연둣빛이 돋아난다

검붉은 입술에 미소 없는 소녀
이 봄비에
바위틈 속 클로버 잎들도
한들 바람에 깨어나 있구나

가여운 손목에 링거를 꽂으며
스무 살의 생일파티 집에서 지내겠다고
초롱초롱 앉아있는 소녀야
밖에 뛰어나가 이 봄비 맞으려무나

푸른 소나무에 젖은 어둠이 내릴지라도
심장을 쓸어내리며

봄빛이 따스하듯
찬란한 날개로 미소지어보아라

어떤 밀어

사랑 빛이 푸른 잎으로 둘러 쌓인 듯 시간 속으로 걸어가는 계절입니다

나는 어디론가 눈물겨운 사랑을 보내고 싶어지는군요

그대에게

어느 곳에 계시나요 바람에게 소식을 전해주시면 어떨련지요

지금은 귓전에 그대 목소리가 들려 온 듯하여

나는 한 그루 그대의 나무이며

바스락거리는 소리에도 그대일까 가슴이 자꾸만 두근거려옵니다

초저녁 샛별처럼 사랑을 잊을 수는 없으며 겸허한 마음으로 어둠조차 참을 수 있음을

고난의 채찍에서도 한 올의 실을 뽑아 그대의 상처 깊은 마음을 아물게 할 수 있는

사랑 앞에서는 열정을 채울 수 있을 것입니다

그대여,

오렌지빛 놀에 학의 자태로 비상하는

모습인가요

이슬

별이 반짝이는 밤이면
순결을 간직한 투명함으로
천둥치는 날에도 목덜미를 붙잡고
눈부신 해오름을 기다리면서
가슴에 잊히지 않을
노스텔지어에 기도하고

우주의 눈망울로 허공을 지나
소풍을 오면
그리움으로 사랑할 수 있는
그 무엇에 대하여
둥근 찰나의 몸으로
이파리에 앉아
새 꿈을 이 세상에 남기기 위해
물보석이 되었을게야

늙은 바람

늙은 바람이 휠체어에 앉아
굽은 청솔나무를 물끄러미 바라본다

하늘에는 청잣빛 돌고
하얀 치마를 풀어 놓은 듯
구름이 두둥실
매화꽃 만발한 병원 뒤뜰에서
늙은 바람이
텅 빈 하늘에 기도를 한다

환자와 의사들이 뒤엉켜 부대끼는
응급실을 겨우 나와
젊은 날의 추억이 아련한 듯
노을 속으로
휠체어 하나 힘없이 이끌려간다

열반

댓돌 위에
하얀 고무신 한 켤레와
영혼으로 간직하던 무소유를
남겨두고
허공 속에 허공처럼
허공을 만나러 떠나갔습니다

백리향

오호라!
짙은 향기는 어디까지 퍼진단 말이냐
아득한 피안으로
향기가 사라질 때까지
그 곳으로 또 피울
그 향기
네 몸 어느 곳에서 끝도 없이
이 코끝에 스치면

그래도 혼절할 내가 아니다

이 아침에

또 다른 밤 지나서
오늘이 열리고
봄날도 먼저 웃는다

햇살은 에메랄드빛으로
나와 산책을 하고

이 아침에
작은 영토에서
지저귀는 새들이
화려한 꽃들이
나들이를 즐기자고
들바람은 푸릇푸릇하게
이야기를 하잔다

저녁 종소리

어둠을 헤치고
나는 울어야 한다

눈물로 고개 숙인 사람들의
꿈이 돋아나도록

오래된 청동색, 나의 울림이
더더욱 가슴 아픈 사람들을 위하여
초라한 저녁 만찬을 위하여
신명나게 울어야한다

희망

칠흑 같은 밤하늘에
밝게 빛나는
별 하나